Horst Stricker

Unsere Welt im Lichterglanz der Wahrheit

Mit seinem Buch »Unsere Welt im Lichterglanz der Wahrheit« will Horst Stricker der in religiöse Gegensätze gespaltenen Gesellschaft entgegenwirken. Ausgehend von den naturwissenschaftlichen Erkenntnissen und Theorien unserer Zeit kommt der Autor zu einer umfassenden Sicht des Weltlichen und des Göttlichen. Auf dieser Basis fordert er Verständnis und sieht in der mit Vernunft gepaarten Liebe zu allen Wesen das alle Weltreligionen Verbindende. Gelinge es nicht, das Trennende zusammenzuführen, so könnten der Europäischen Staatengemeinschaft neue Auseinandersetzungen bevorstehen. Dogmatik sowie lieblose und engherzige Auslegungen der Glaubensvorstellungen innerhalb der Religionsgemeinschaften blockieren die geistige und seelische Weiterentwicklung der Menschen, davon ist der Autor überzeugt. Die Erkenntnis nur eines Teils der erhabenen Wahrheit und der Wille, das Erkannte in die Tat umzusetzen, würde schon die ganze Welt verändern. Daran mitzuwirken ist der Leser aufgefordert. Das Buch lädt ihn ein, eine Reise zu sich selbst und in sein Innerstes zu unternehmen – eine spannende Angelegenheit.

Horst Stricker

Unsere Welt im Lichterglanz der Wahrheit

Satz und Layout: Buch & medi@ GmbH, München
Umschlaggestaltung: Kay Fretwurst, Spreeau
Herstellung: Books on Demand GmbH, Norderstedt
Printed in Germany
ISBN 3-8330-0828-8

Inhalt

Einführung

Astronomen und Physiker vergangener Zeiten haben das Weltbild des Altertums völlig verändert. Tausende von Jahren lang glaubten die Menschen an eine Kristallsphäre der Fixsterne, es waren leuchtende, an eine gewaltige Kugel angeheftete Punkte mit der Sonne in der Mitte. Alle Völker der damaligen kulturellen Welt stellten sich unsere Erde als eine gewaltige Scheibe vor und wähnten sich darauf im Mittelpunkt. Auch die Chinesen, Inder, Mayas und Griechen waren davon überzeugt.

Erst um die Zeit von Kopernikus und Galileo Galilei wurden die alten Weltbilder zerschmettert. Natürlich hatte dieses Geschehen auch Auswirkungen auf das christliche Weltbild des Abendlandes. Die Menschen stellten plötzlich Fragen, die sich mit der damaligen kirchenchristlichen Einheitslehre nicht mehr in Einklang bringen ließen. Zu der Folgeerscheinung davon zählen die Neubildung von Glaubensgemeinschaften, Religionskriege, Verfolgung Andersdenkender und eine Zunahme des Atheismus.

Mit diesem Buch möchte ich dem Ideengut einer in religiöse Gegensätzlichkeiten aufgespaltenen Gesellschaft entgegenwirken. Wir sind schließlich eine Menschheit. Alle Dogmatik blockiert unsere geistige und seelische Weiterentwicklung.

Nur durch Verständnis für die Vielfalt der Ideen aller modern und ethisch denkenden Menschen kann sich unser Weltbild auch religiös in positiver Weise verändern. Ich würde es begrüßen, wenn dieses Werk innerhalb der Völkerverbindung seinen Beitrag dazu leisten könnte.

Die Entstehung des Universums

Schon vor vielen Tausend Jahren beschäftigten sich die Menschen mit der Frage, wie alles entstanden ist, was wir wahrnehmen. Bereits in den alten Schriften der Hindus, den Veden, wird diese Frage gestellt:

> Als weder Etwas war noch Nichts,
> und Finsternis gehüllt in Finsternis,
> wo war die Welt? Wer schloss sie ein?
> Wer möchte das Geheimnis
> wohl ergründen?

Nach den heutigen wissenschaftlichen Vorstellungen gab es eine Zeit, in der die gesamte Materie des Universums in ungeheurer Dichte zusammengeballt war. Diese Daseinsform wird als der in sich ruhende Stoff bezeichnet. Die hinter dem Grobstofflichen und Feinstofflichen wirkenden Kräfte des Geistes und des in sich ruhenden Gesetzes von Wille plus Kraft gleich Ursache und Wirkung lösten vor zirka 15 Milliarden Jahren durch Kettenreaktion eine gewaltige Explosion aus.

Kurz vor dieser in grauer Vorzeit hervorgerufenen Urexplosion müssen im Innern der in sich ruhenden Materie Temperaturen von Milliarden Graden entstanden sein. Die noch vorhandene Ausdehnung unseres Universums lässt sich dadurch erklären.

Nach Ansicht des bekannten Physikers Pascual Jordan vollzog sich der Urknall durch ein Neutronenpaar, das eine Kettenreaktion größten Ausmaßes einleitete und die Ausdehnung des Universums hervorrief. Laut Pascual Jordan nimmt bei dieser Extension des Alls die Gravitationsenergie ab, dabei entsteht Materie in Form von Neutronenpackungen, die sich explosiv ausdehnen und als Supernovae sichtbar in Erscheinung treten. Selbst der bekannte Physiker Eddington unterstützte diese These.

Mit zunehmendem Weltalter ändern sich die Gesetze von Gravitation und elektrischer Energie. Die Folge davon ist, dass die Masse zunimmt, sich verändert und erneut zunimmt. Nach dem zweiten Gesetz der Wärmelehre kann durch laufende Abstrahlung von Energie aus den Sternen ein Zustand absoluter Ruhe erreicht werden, und zwar dann, wenn sämtliche dynamische Energie und auch Strahlung in Wärme umgesetzt wurden.

Diesen Zustand bezeichnet man als Wärmetod. Der Lehrsatz kann aber nur in geschlossenen Systemen Anwendung finden, in die von außen keine Energie zugeführt wird.

Ist nun das Universum endlich, so wird es der zunehmenden Entropie unterworfen sein. Der Endzustand wäre dann der der absoluten Ruhe. In einer solchen Daseinsform hat dann logischerweise auch jede Zeitvorstellung ihren Sinn verloren.

Die Anwendung des zweiten Gesetzes der Wärmelehre steht nicht im Widerspruch zur Einstein'schen Auffassung vom in sich gekrümmten Weltall. Wenn das stimmt, dann könnte das Universum sowohl endlich als auch unendlich sein. Vielleicht ist es sogar eine Hohlkugel mit einer inhaltlich unbekannten Anzahl von Galaxien, die wiederum in einem unendlichen Raum schwebt. Möglicherweise ist diese Vorstellung aber auch viel zu grotesk, um ernsthaft in Erwägung gezogen zu werden. Wenn es aber so wäre, dann würde die Urknall-Theorie, selbst wenn sie stimmen sollte, nur die Entstehung unseres Universums bedeuten, nicht aber die Entstehung der gesamten Welt.

Der amerikanische Astronom Edwin Powell Hubble entdeckte an den entferntesten Spiralnebeln die Rotverschiebung der Spektrallinien. Den darin auftretenden Proportionalfaktor bezeichnet man als die Hubble-Konstante. Die Deutung läuft auf einen Dopplereffekt hinaus und kann daher auch als Ausdruck einer radialen Fluchtbewegung verstanden werden.

Die im Verhältnis zum Abstand von uns vorhandenen, gleichen Fluchtgeschwindigkeiten ergeben einen relativen Mittelpunkt. So könnte es auch ein Beobachter in einem weit entfernten Spiralnebel wahrnehmen. Es handelt sich offensichtlich um eine gleichmäßige Ausdehnung des Universums, die die allgemeine Meinung vom Urknall bestätigt.

Dass es stimmt, bewiesen die britischen Physiker Stephen William Hawking und Roger Penrose auf der Grundlage der Relativitätstheorie von Albert Einstein. Nach der zurzeit gültigen Vorstellung fast aller Astronomen und Physiker ist die Urknall-Singularität als der Beginn unseres Universums zu bezeichnen.

Neuerdings wird durch Abschuss mehrstufiger Raketen und Sonden, die mit sehr teueren Messgeräten ausgestattet sind, der Ausstoß von Gasen durch die »Schwarzen Löcher« im All erforscht. Die Wissenschaftler erhoffen sich dadurch mehr Erkenntnisse über die Singularitätstheorie in der Astrophysik. Die Singularitätstheorie in Bezug auf die Entstehung der Welt ist also wieder umstritten.

So großartig und bewundernswert diese Leistungen auch bei weiteren Erfolgen sein mögen, alle Fortschritte der genialsten Köpfe der Wissenschaft werden immer wieder zu neuen, für uns noch verschlossenen Türen führen. Überall werden wir mit der Unendlichkeit konfrontiert.

Kein Wesen dieser Welt ist in der Lage, sie auf diese Weise restlos zu erforschen. Wir alle können die Unendlichkeit nicht begreifen. Das Endliche ist für uns aber ohne die Vorstellung von Unendlichkeit ebenfalls nicht vorstellbar. Unvorstellbar deshalb, weil beide Begriffe untrennbar miteinander verbunden sind. Endlichkeit ohne Unendlichkeit gibt es nicht. Die Unendlichkeit ist aber an das Endliche nicht gebunden, da sie aus sich selbst heraus existiert und daher stets unabhängig und frei ist.

Alles Objektive, das uns in Formen entgegentritt, ist veränderlich und begrenzt. Es befindet sich daher stets in Abhängigkeit, wenn es seine Form zu erhalten sucht. Der Zauber kann erst dann durchbrochen werden, wenn wir uns dem Subjektiven, dem geheimnisvollen Wesen in uns, zuwenden – jenem Wesen, das wir nicht aus uns selbst herausstellen und zum Betrachtungsobjekt machen können.

Es ist das Vollkommene aller Lebensformen und wird als Seele oder besser als das Selbst bezeichnet. Das ewige Eine, das Begnadete, das Göttliche, wohnt in allen Wesen, selbst in der scheinbar leblosen Materie ist es zu finden. Es ist die Unendlichkeit in allem, die sich stets nur widerspiegelt. Kein Wissenschaftler, und möge er noch so großartige Leistungen durch die Erforschung der Welt erbringen, wird je in der Lage sein, der Unendlichkeit das letzte Geheimnis zu entreißen, denn wenn er das vermöchte, wäre Gott zum Endlichen und Begrenzten geworden und der dieses Wissen in sich tragende Wissenschaftler zu Gott.

Im Jahr 1913 bewahrte der Physiker Nils Bohr die Atomenergie vor dem Untergang. Sein Modell gestattete den Elektronen nicht beliebige, sondern nur ganz bestimmte Abstände vom Kern, diese Regel bewahrt die Elektronen vor dem Sturz in den Atomkern. Vielleicht hatte sich die Materie, wie bei den »Schwarzen Löchern«, so stark verdichtet, dass die Elektronen bei ihren Quantensprüngen auf die umlaufschwächeren Bahnen nicht mehr ausweichen konnten, so den Urknall auslösten und in die Atomkerne stürzten?

Das Vordringen der Wissenschaft ins derzeit Allerkleinste der Elementarteilchenphysik durch M. Gell-Mann und G. Zweig im Jahr 1964 hat die Welt der Atomphysik erneut umfangreicher, aber auch geheimnisvoller gemacht. Hypothetisch wurden zunächst Urteilchen der Materie erwähnt, aus denen alle der starken Wechselwirkung unterliegenden Elementarteilchen aufgebaut sein sollten. Es handelt sich bei ihnen um die Quarks. Man findet sie in den Bausteinen der Atome, den Protonen und Neutronen. Nachgewiesen wurden sie in Streuexperimenten mit hochenergetischen Teilchen. In den Protonen und Neutronen befinden sich jeweils drei Quarks, sie gelten neben den Leptonen als die fundamentalen Bausteine der Natur, also der Materie.

Wenn es je eine Religionsauffassung gegeben hat, die sich in Bezug auf die Entstehung der Welt weitestgehend mit der Meinung moderner Astrophysiker und Astronomen decken könnte, dann ist es der reine Monismus des Vendanta der Upanischaden.

Sollte das Universum durch eine Urexplosion entstanden sein und sich uns jetzt in seiner stetigen Veränderlichkeit durch Ausdehnung präsentieren, wie moderne Wissenschaftler behaupten, so muss es logischerweise schon vorher vorhanden gewesen sein, und zwar in einer mit unseren Sinnen nicht mehr erfassbaren Form, denn aus dem Nichts entsteht nichts.

Werden und Vergehen bestimmen den Verlauf der grobstofflichen und auch der feinstofflichen Welt, also auch der Welt, in der wir leben. Das Leben in unserer Vorstellung beruht nur auf Wahrnehmungen, der sich ständig verändernden Formen unserer Umwelt.

Alles, was wir sehen, sind zeitlich begrenzte Manifestationen. Wenn man die Entstehung des Universums aus dieser Sicht betrachtet, so gelangt man zu den Vorstellungen altindischer Weisheit, dass alles Leben aus dem für uns Unsichtbaren kommt, eine Weile an Größe zunimmt und schlussendlich wieder ins Unsichtbare zurückkehrt.

Wie man die rein wissenschaftliche Urknall-Theorie auch betrachten mag, das letzte Wort dazu haben die Vertreter der Wissenschaft, der Astronomie und Physik noch nicht gesprochen, denn inzwischen ist der bekannte Physiker Hawking, durch die Einbeziehung von Quanteneffekten, von der Urknall-Singularitätstheorie wieder abgewichen. Er versucht nun, die beiden Teiltheorien der Quantenmechanik und der Relativität zu einer einheitlichen Quantentheorie der Gravitation zu verbinden.

Die Problematik der Entstehung unseres Universums führt also selbst bei exakter wissenschaftlicher Betrachtung letztendlich in Grenzgebiete der Naturwissenschaft. Wir müssen daraus folgern, dass sich das Problem nicht rein wissenschaftlich lösen lässt. Aus diesem Grunde ist es sinnvoll, philosophische Aspekte, basierend auf Vernunft und Logik, mit heranzuziehen.

Chaos und Ordnung

In früherer Zeit, als uns Menschen die Vorgänge in der Welt des Mikrokosmos noch völlig unbekannt waren, bezeichneten die alten Griechen die für sie unsichtbaren Zustände im Inneren von Körpern als chaotisch. Das Chaos war für sie ein ungeordneter Urstoff, aus dem nach griechischer Schöpfungsgeschichte die Welt entstand.

Schon in der Zeit Buddhas, zirka 560 Jahre vor unserer Zeitrechnung, beschäftigten sich die großen Philosophen Indiens und Chinas mit der Frage nach dem Urstoff der Welt. Sie beobachteten das Entstehen der Wesen mit ihren Formen aus scheinbar lebloser Materie. Sie sahen ihren Werdegang und ihr Altern, das Geborenwerden und Sterben. Sie stellten fest, dass aus Samen Pflanzen entstanden und zu riesigen Bäumen heranwuchsen. Diese hinterließen erneut Samen, starben und vollendeten den Kreislauf des Lebens, indem sie wieder zum Samen zurückkehrten, um erneut Bäume zu werden.

Alle zeitlich begrenzten Manifestationen entstehen also zunächst im Feinstofflichen, Unsichtbaren, um später erneut im Grobstofflichen für uns sichtbar in Erscheinung zu treten.

Das, was uns der Lebenslauf der Bäume zeigt, ist logischerweise auch auf alle Wesen anwendbar. Selbst unsere Erde und das ganze Universum können wir in den Werdegang von Geborenwerden und Sterben einbeziehen. Die Weisen Indiens sagen: »Kennen wir ein Glied aus der Kette des Lebens, so kennen wir alle Glieder.«

Auf die für uns wahrnehmbare Erscheinungswelt angewandt, lässt dies uns erkennen, dass sich am Anfang und am Ende alles gleicht. So gesehen verstehen wir auch besser das Geheimnis des Universums.

Vor seinem Anfang muss das All bereits in einer für uns unsichtbaren Form vorhanden gewesen sein, sich also nach altgriechischer Auffassung im Chaos befunden haben. Alles hat seinen Ursprung im Geistigen.

Die Gentechnik aus wissenschaftlicher und geistiger Sichtweise

Zum besseren Verständnis möchte ich Ihnen zunächst einen kleinen Einblick in die Grundlagen der Gentechnologie verschaffen. Schließlich werden wir uns alle nicht nur jetzt, sondern auch in Zukunft mit dieser neuen Technologie auseinander zu setzen haben.

Die Gentechnik ist eine Wissenschaft, welche die Wirkungsweise und den Aufbau des Erbgutes erforscht. Die Gesamtheit der Erbsubstanz des Zellkerns wird als Genom bezeichnet. Das Genom, Kern einer Zelle, setzt sich aus fadenförmigen Substanzen zusammen. Man nennt sie Chromosomen. Sie treten in der Regel in männlicher und weiblicher Form, also paarweise auf. Schädigungen im Erbgut werden durch das Vorhandensein jeweils zweier Chromosomen, also weiblich und männlich, verhindert. Der Mensch verfügt über 23 Chromosomenpaare. Sie sind die Träger des Erbgutes. Ein Paar bestimmt davon das Geschlecht. Die Chromosomen bestehen aus Desoxyribonukleinsäure (DNA). Das sind Riesenmoleküle.

Gene sind funktionierende Einheiten, die sich aus vielen Grundbausteinen oder Nukleotiden zusammensetzen. Diese Nukleotide enthalten Informationen über den Aufbau vieler Eiweißstoffe. In Verbindung mit den Zellen haben sie Einfluss auf die Steuerungssysteme des Lebens. Die Nukleotide haben die Fähigkeit sich zu verdoppeln und bestimmen so über die Zellteilung das Wachstum. Die Gene sind also die Grundbausteine des Lebens. Fast alle psychischen und geistigen Fähigkeiten werden durch genetische Informationen beeinflusst.

In Bezug auf das Wechselspiel von Ursache und Wirkung in der Natur ist in der Gentechnologie vieles noch unbekannt. Das wird wohl auch so bleiben. Auf Grund festgelegter genetischer Informationen geht man davon aus, dass Eingriffe in das Erbgut, auf die geistige und psychische Entwicklung aller Wesen Auswirkungen haben werden.

Die Gentechnik wird den Menschen der Zukunft mit an Sicherheit grenzender Wahrscheinlichkeit in die Lage versetzen, einen Homunkulus zu erschaffen: den Menschen, der die geistigen und psychischen Fähigkeiten in sich vereint, die man sich wünscht. Eine Horrorvorstellung, deren Verwirklichung einige Wissenschaftler bereits anstreben.

Unter dem Deckmantel der Humanität wird bereits erklärt, dass sich bei einer Weiterbetreibung der Forschung, in Labors und Fabriken, Ersatzorgane für Unfallopfer und andere Gebrechliche und Hilfsbedürftige heranzüchten lassen – Organe, welche die in der Organverpflanzung tätigen Ärzte, dringend gebrauchen. Angestrebt wird auch die Verlängerung unseres Lebens. Das Endziel dieser Wissenschaftler ist demnach die Unsterblichkeit unserer Körper. Wenn das gelingen sollte, so wäre dies fürwahr eine große – aber unweise – Tat, denn dann würden wir bei dem bereits jetzt explosiven Bevölkerungswachstum auf der Welt in einiger Zeit nicht mehr Platz haben als Heringe in der Sardinenbüchse. Wollen wir das – wollen wir das wirklich?

Nein, nein und nochmals nein, denn ein solches Leben ist nicht mehr lebenswert. Bei einer Weiterentwicklung der Gentechnologie ist das aber noch nicht alles. Es wird dann bestimmt noch viel mehr in den Bereich der Möglichkeiten rücken.

Für künftige Kriege können wir vielleicht sogar Menschen erschaffen, die in ihrer Primitivität keine Gefühle mehr haben und als lebende Kampfmaschinen überall in der Welt, wo sie benötigt werden, für den Einsatz zur Verfügung stehen. Für die Toten brauchen sich dann die künftigen Generationen nicht mehr zu interessieren, denn in den Laborfabriken werden ja ständig neue, lebende, äußerlich menschlich aussehende Roboter geschaffen.

Wenn es nach den Vorstellungen einiger Wissenschaftlicher ginge, dann hätten wir bald eine Zweiklassengesellschaft: auf der einen Seite die Wohlhabenden und auf der anderen Seite die Armen, die zu entmenschlichten Robotern herabgestuft und beherrscht werden.

Eine solche Welt wird es aber nicht geben, weil das Böse und das Gute sich ständig abwechseln. Es läuft alles ab wie beim Wellengang des Meeres. Wo ein Wellenberg ist, folgt auch ein Wellental.

Der Ozean ist von dieser Erscheinung nicht zu trennen. Er bleibt davon unberührt, denn solche Wellenbewegungen sind alle veränderlich und daher unwirklich. So ist es auch in dieser unserer vielleicht zukünftigen Welt der Gentechnologie.

Alle guten und bösen Dinge dieser Welt sind nur Scheinvorstellungen der im Kampf befindlichen, aufstrebenden Geister. Selbst ein Homunkulus unterliegt der Veränderlichkeit und damit dem Gesetz von Ursache und Wirkung.

Alle Wissenschaftler, die einen pflanzlichen, tierischen oder äußerlich menschlichen Homunkulus erschaffen, werden stets gegen die späteren Auswirkungen ihrer Wahngebilde kämpfen müssen, denn auch ein so geschaffenes Wesen wird stets innerlich nach der geistigen Freiheit streben, die ihm für eine begrenzte Zeit genommen wurde.

Seien wir uns daher bewusst, dass in allem, was wir schaffen, in Wirklichkeit Gott wohnt. Lösen wir uns daher von diesem Frevel des Eingriffs in das Werden und Vergehen der mit uns um die Wiedererlangung der Einheit kämpfenden Wesen.

Begleiten wir sie auf dem Weg in die wirkliche Freiheit und schenken wir ihnen auf diesem Weg der Mühsal unsere allumfassende Liebe.

Der Teufel, eine Erfindung
des Menschen,
ist nur der Schatten
des ewigen
Lichtreiches Gottes
in allem was lebt,
und
da er abhängig ist,
ist er unwirklich
und hat keine Eigenexistenz.

Unsere Aufgaben und der Weg zur Lösung unserer Probleme

So ziemlich alle Vertreter der großen Weltreligionen lehren uns, dass Gott die Welt erschuf. Wenn wir in unserem Denken noch kindliche Auffassungen haben, dann glauben wir das, denn Religion, wie sie im Allgemeinen gelehrt wird, gründet sich im Großen und Ganzen auf Vertrauensseligkeit. Infolge von Erfahrungen genügen vielen Menschen die wiederholt vorgebrachten Thesen und Worte der heiligen Schriften dann aber nicht mehr. Die Folge davon sind Kirchenaustritte, oft aber auch sogar das Abgleiten in Materialismus und Atheismus. Die Vorstellung von einem Gott, wie er noch in vielen alten Büchern und Schriften dargestellt wird, gilt für modern denkende Menschen unserer Zeit als überholt. Mit dem Aufbruch der Menschheit in das Industriezeitalter des 19. Jahrhunderts und von dort bis in die heutige Zeit hat sich unsere Welt durch Wissenschaft und Technik gewaltig verändert. Was wir in unserer neuen Industriegesellschaft brauchen, ist eine auch in das heutige Weltbild passende Gottesvorstellung, verbunden mit den in allen Religionen zu findenden ethischen Werten.

Fast jede Religionsgemeinschaft hat Gott vermenschlicht und ihn, den Erhabenen, in ihren gedanklichen Vorstellungen, in eine Persönlichkeit mit dem Attribut begrenzter Liebe verwandelt. Mit dem Heraufziehen des Zeitalters einer neuen, multikulturellen Gesellschaft benötigen wir aber zur Lösung der religiösen Frage eine Gottesvorstellung, die sich auch in das Weltbild modern denkender Menschen einordnen lässt. Wir können nur dann dauerhaft in Frieden leben, wenn alle Religionsgemeinschaften dazu bereit sind, die Engherzigkeit in ihren dogmenhaften Auslegungen der heiligen Bücher und Schriften aufzugeben. Nur wenn alle Menschen gegenüber den oft stark voneinander abweichenden Glaubensformen Verständnis und Toleranz aufbringen, wird auch ein dauerhafter Frieden innerhalb des »Europäischen Staaten- und Völkerverbundes« möglich sein. Mit Verständnis ist gemeint, dass, solange die Grundrechte der Demokratie nicht infrage gestellt werden, niemand das Recht hat, einen Andersgläubigen oder Atheisten aus der menschlichen Gemeinschaft auszugrenzen.

Zu den Grundrechten unserer Demokratie gehört, wie bekannt, auch die freie Religionsausübung aller Glaubensgemeinschaften, sofern sie sich mit den ethischen Grundsätzen unserer staatlichen Auffassung im Einklang befinden.

Ist es aber ethisch vertretbar, wenn wir gewissen Religionsgemeinschaften bei uns erlauben, Tiere aus rituellen Gründen vor dem Verspeisen zu schächten und auf diese qualvolle und grausame Weise zu töten?

Es zeugt auch von falschem Denken, wenn verschiedene Religionsgemeinschaften glauben, dass sie eine besondere Vorzugsstellung beim lieben Gott genießen. Gerade dieses Denken, wenn es nicht aufgegeben wird, birgt möglicherweise den Keim künftiger gewalttätiger Auseinandersetzungen in sich. Daher ist es auch unbedingt notwendig, dass alle diese Glaubensgemeinschaften ihre irrige Meinung aufgeben. Dazu gehört auch die Aufgabe der Vorstellung vom auserwählten Volk, dass nämlich nur die jeweils dazugehörenden Glaubensbrüder und -schwestern von ihm, dem Allmächtigen, begünstigt werden.

Wir müssen uns doch darüber klar sein, dass Gott keine Günstlinge haben kann. Wenn er welche hätte, dann wäre er nicht Gott, sondern einer von uns, begrenzt und unvollkommen. Wenn wir unter Gott den Inbegriff der Vollkommenheit verstehen, dann muss seine Liebeszuwendung auch unbegrenzt sein.

Er verkörpert ewiges Sein, Wissen, Bewusstsein, Erkenntnis, Glückseligkeit und Liebe. Alle diese Voraussetzungen finden wir in der Gottesvorstellung des reinen Monismus der Upanischaden. Sie fallen unter den Begriff »Sat-Chit-Ananda«.

Satchidananda – so bezeichnet es der Wissende, und da der Erleuchtete die Unendlichkeit in sich vereint, hat er ohne Ausnahme sämtliche Wesen in seine allumfassende Liebe eingebunden.

Schließlich haben wir alle eine Seele, und da sie unsterblich ist, muss sie auch unveränderlich und vollkommen sein. Wenn das so ist, sind wir alle ein Teil des »Göttlichen«, nein, nicht Teil des Einen, sondern das Ganze in Einheit, ob wir es wissen oder nicht wissen.

Alles, was wir anderen Wesen zufügen, tun wir also logischerweise uns selbst an. Darum lasst uns alle zu wirklicher brüderlicher oder schwesterlicher Liebe heranreifen und uns vereinen, drücken wir gedanklich unter Aufgabe unserer selbstsüchtigen Verhaltensweisen, alle Wesen an unser liebevolles Herz, denn Liebe verbindet und Hass wirkt trennend. Nur wenn wir das erkannt haben, befinden wir uns auf dem richtigen Weg, werden Gott schauen und wirklich frei und glücklich sein.

Wirklichkeit und Scheinvorstellung

Wenn man die uns umgebende Natur oberflächlich betrachtet, so erscheint sie uns zunächst schön und harmonisch. Alles ist, so gesehen, wunderbar aufgebaut.

Leise rauschende Baumkronen, azurblauer Himmel, leicht dahinziehende Wolken, dazwischen die Mutter allen Lebens, unsere Sonne mit ihren wärmenden Strahlen. Bunte Blumen auf den in sattem Grün sich präsentierenden Wiesen, ihre weit geöffneten Kelche der Sonne entgegengestreckt, als wollten sie alles in sich aufnehmen, was Mutter Sonne zu geben bereit ist. Dazwischen Schmetterlinge in vielen Farben, mit gleichmäßig und präzise gezeichneten Mustern und Formen. Eine Idylle, eine friedvolle Welt, doch dies ist eine Illusion.

Eine andere Szene eröffnet sich unseren Augen. Eine kleine Fliege sieht ein paar Tautropfen und lässt sich auf einen der im Winde hin und her schaukelnden Blütenkelche friedlich nieder. Im gleichen Augenblick jedoch saust die Libelle, ein böser Räuber, herunter, schnappt sich das kleine, völlig harmlose Tierchen und frisst es auf.

Kurze Zeit später schnappt sich wiederum ein Vogel die Libelle und frisst sie ebenfalls auf. Einer lebt vom anderen. Die Tiere und auch die Menschen leben von Tieren oder Pflanzen. Der Stärkere vom Schwächeren. Angewidert wenden wir uns ab, doch dies alles ist eine Illusion.

Wohin wir auch unseren Blick richten, überall stoßen wir auf ähnliche Bilder. Weist man in Richtung solcher Missstände, so hört man oft, dass sich alles noch zum Guten wenden werde. Aber warum denn in dieser boshaften Form? Kann das Gute denn nicht zu Gutem führen? Wenn unsere Urenkel glücklich sein sollen, warum denn nicht auch wir? Es findet sich keine Lösung des Problems, aber auch dies ist eine Illusion.

Viele Menschen vertreten die Ansicht, dass die Entwicklung, wenn weit genug fortgeschritten, das Übel beseitigen werde. Die Annahme, dass das Gute eine stetig zunehmende und das Böse eine folglich abnehmende Menge sei, ist jedoch völlig falsch.

Automation, Computer und Maschinen bedeuten allgemein gesehen den Fortschritt, aber nur wenige werden dadurch reich. Millionen Menschen aber werden zu Sklaven erniedrigt.

Der in den Sinnen lebende Mensch ist unglücklich. Freude und Leid beginnen und enden in den Sinnen. Mehr Glück bedeutet auch mehr Leid.

Die kosmische Illusion ist keine Theorie, sie ist die

Feststellung der gegebenen Tatsachen. Wo Böses ist, ist auch Gutes, und wo Gutes ist, da ist auch Böses. Wer geboren wird, muss auch sterben, wer lacht, wird auch einmal weinen müssen. Es gibt keinen Ort auf der Erde, wo nur Freude und Glück herrschen. Wo immer wir Glück und Erfolg finden, lauert auch schon die Macht, die es uns wieder nimmt.

Die Welt ist eine Mischung von Gut und Böse. Glück und Unglück, Freude und Trauer, Lachen und Weinen sind überall zu finden – wo Licht ist, da ist auch Schatten. Es wird nie eine Welt geben, in der nur Gutes anzutreffen ist, und umgekehrt. Die uns umgebende Natur lässt dies einfach nicht geschehen. Nimmt das Böse in der Welt zu, so nimmt das Gute zwangsläufig ab und umgekehrt.

Was dem einen Leid verursacht, ruft oft bei dem anderen Freude hervor. Was uns heute als schlecht erscheint, kann uns morgen als gut vorkommen. Das Messer in der Hand eines Kochs ist nützlich und gut, in der Hand eines kleinen Kindes kann es jedoch zu einem sehr gefährlichen Gegenstand werden.

Wenn wir den Tod nicht wollen, dürfen wir auch das Leben nicht wollen, denn Leben ohne Tod ist nicht möglich. Wenn wir dem Schlechten Einhalt gebieten, so müssen wir auch dem Guten Einhalt gebieten, beides sind Manifestationen ein und derselben Macht.

Diese hier vorliegende Erkenntnis führt zwangsläufig zu der Frage: Wenn man nicht etwas Gutes tun kann, ohne zu gleicher Zeit auch Böses zu tun, weshalb sollen wir dann Gutes tun? Die Antwort kann nur die sein: Not lindern und verringern ist die einzige Möglichkeit, selbst glücklich zu werden.

Alle werden einmal diese Erkenntnis gewinnen – die Gescheiten, die Mitfühlenden früher, die Dummen und Boshaften etwas später. Gutes und Böses ist nur so lange für uns in dieser Welt vorhanden, bis wir aus unseren Träumen erwachen und unsere kindlichen Spiele aufgeben.

Wenn wir auf unser Leben zurückblicken, erscheint uns heute oft einfach lächerlich, was wir früher als erstrebenswert ansahen. Irgendwann werden wir einmal mit Lächeln an die Zeit denken, in der wir uns an unsere Persönlichkeiten banden.

Erst wenn wir die Wahrheit erkennen, dass unsere Begierden durch Genuss nicht befriedigt werden können, haben wir den Weg zur Erlösung gefunden. Alles, was in Form und Gestalt sichtbar für uns in Erscheinung tritt, ist vergänglich. Unsere Bindung daran besteht durch Genuss, Gier und Hass, sie liegt in unserer Sinnenhaftigkeit. Die ganze Geschichte der Menschheit war und ist immer noch ein ununterbrochener Kampf mit den Kräften der Natur.

Die Natur ist eine Illusion, sie gaukelt uns Glück und Freude vor und schlägt danach mit Schmerz und Leid zu, damit wir wieder aus den Träumen erwachen und auf den richtigen Weg gestoßen werden.

Die Natur, das von unsterblichen Geistern geschaffene Wahngebilde, sollte unser Sklave sein. Wir haben uns jedoch zu Sklaven der Natur und der ihr innewohnenden Kräfte gemacht. Aber dennoch sollten wir die uns umgebende Natur lieben und ihr in Ehrfurcht gegenübertreten, denn wir sind alles, Pflanzen, Tiere, Mineralien, ja, das ganze Universum. Der jedoch, der schon jetzt in völliger Selbstlosigkeit allem, was lebt, gegenübertritt, liebt wahrhaftig und wird unsterblich. Er weiß, dass es denkende negative und positive Elektronen gibt. Elektronen sind Träger des Psychismus, also der Seele. Sie sind auch, so die Wissenschaft, in unserem eigenen Körper in Form von Äonen enthalten, verstehen daher auch die Sprache der sie ebenfalls enthaltenden Teilchen des Kosmos.

Durch Verinnerlichung und gemeinsame Kommunikation mit diesen Kräften wird das uns innewohnende Göttliche offenbar. Der Mensch wird nur durch Kontrolle aller geistigen und seelischen Vorgänge seine innere und äußere Natur beherrschen lernen.

Das führt dann wirklich zu Religion. Lehrsätze, Bücher, Kirchen, Sitten und Gebräuche sind nur Nebensächlichkeiten.

Religion und Glaube

Religion, wie sie im Allgemeinen gelehrt wird, gründet sich auf Vertrauensseligkeit und Glauben. Sie besteht bei vielen Gruppierungen oft nur aus Behauptungen oder auch nur aus einem Buch als Grundlage, wie zum Beispiel der Bibel. Religiöse Gruppen, die über ein Buch verfügen, haben die meisten Anhänger und sind daher auch die mächtigsten. Dies ist auch der Grund dafür, dass viele dieser Vereinigungen untereinander Konflikte haben.

Jede Sekte verkündet ihre Lieblingsideen und legt dabei das geschriebene Wort nach eigenen Vorstellungen und Wünschen aus. Der eine glaubt an ein allmächtiges Wesen, das eine große Anzahl von Engeln unter sich hat, hoch über den Wolken thront und das ganze Universum regiert. Die Christen fordern den Glauben an Christus, den einzigen Sohn Gottes.

Fragt man einen solchen Christen, warum er daran glaube, so antwortet er nur, dass er eben daran glaube, man brauche ja auch nur im Buch Gottes, der Bibel, nachzulesen. Im Übrigen hätten ja die weisen

Männer, »die Erleuchteten«, das, was dort geschrieben stehe, sogar von Gott persönlich durch geistige Schau in die Feder diktiert bekommen.

Es steht dort auch geschrieben, die Jünger hätten ihn, also Gott, gefühlt. Wenn jedoch nach den Grundlagen des Christentums geforscht wird, so stellt man fest, dass alles auf Erfahrung beruht. Auch die anderen großen Weltreligionen wie der Islam, der Buddhismus, der Hinduismus und so weiter berufen sich auf die Erfahrung ihrer Begründer.

Damit ist klar, dass alle Religionen dieses universelle Fundament der Erkenntnis besitzen. Alle großen Lehrer und Religionsgründer erschauten Gott, sahen ihre eigene Seele, Vergangenheit, Gegenwart und Zukunft, fühlten ihre Ewigkeit, und genau dies predigten sie auch.

Es ist wirklich eigenartig, dass die meisten Religionsgemeinschaften die Ansicht vertreten, dass solche Erfahrungen nur in den Gründerzeiten durch die von ihnen anerkannten und hoch geschätzten Propheten und Lehrer möglich waren. Die Menschen der Jetztzeit, so meinen viele, können sich dagegen nur noch auf diese Männer berufen. Sie müssen einfach an sie glauben oder in Finsternis verharren.

Religion jedoch darf sich nicht nur auf die Erfahrungen von Lehrern früherer Zeiten gründen, sondern muss auch auf Selbsterkenntnis, basierend auf eigenen Wahrnehmungen, fundiert werden.

Es kann schließlich kein Mensch wahrhaftig religiös sein, wenn er nicht die gleichen oder ähnliche Erlebnisse hat. Diese Meinung vertreten auch die

Lehrer der Lehre des Yoga. Nur ohne jegliche Dogmatik kann Religion lebendig bleiben.

Wenn Gott existent ist, dann müssen wir ihn auch wahrnehmen können. Der Mensch verlangt nach Wahrheit. Er will nicht nur an schöne Worte glauben. Hat er durch Selbsterfahrung jedoch einmal erkannt, dass das Göttliche, ja Gott selbst in seinem Innern wohnt, so schwinden alle Zweifel. Der Weg aus der Finsternis ist gefunden. Der Suchende hat ihn erkannt, seine eigene Seele ist es, strahlend im vollen Glanz göttlicher Reinheit, formlos, gestaltlos, wunschlos, unsterblich, ewig.

Nur der Mensch, der ihn wahrhaftig erkannt hat, findet den Weg aus tiefster Dunkelheit, einen anderen gibt es nicht. Für den jedoch, der diesen Weg noch nicht gefunden hat, ist es besser ein Atheist zu sein als ein Heuchler. Alle, die Glauben fordern und Kritik ablehnen, die auf Logik und Verstand basiert, sollte man tunlichst in Bezug auf die eigene Entwicklung meiden.

Die Erforschung der Außenwelt, also der uns umgebenden Natur, durch Betrachtung nennt man im Allgemeinen Wissenschaft. Experimente, die Wissen liefern sollen, bringen, auch wenn sie mit Sachverstand durchgeführt werden, nur dann positive Ergebnisse, wenn dazu entsprechende, richtige Analysen erfolgen. Jede Wissenschaft ohne Praxis bleibt bloßes Theoretisieren.

Durch exaktes und systematisches Vorgehen in der Erforschung der grobstofflichen Materie, mittels dafür eigens erfundener Instrumente und Geräte, hat der Mensch im Laufe der Zeit ein wirklich enormes und umfangreiches Wissen erworben. Ein Wissen, das nur noch durch Aufspaltung in viele Fächer zu beherrschen ist.

Jeder Student einer bestimmten Fachrichtung würde schön lachen, wenn ihm seine Dozenten erklären würden, Experimente und Beweise seien nicht nötig und sie sollten nur glauben, was gelehrt werde. Schließlich wäre der Dozent ja Professor und daher müsste das, was er sage, allein schon auf Grund seines Titels stimmen.

Die Wissenschaftler der grobstofflichen Materie, also der uns umgebenden Umwelt, verlangen jedoch Beweise. Ebenso die Studenten, denn sie wollen ja wissen, ob es wirklich stimmt, was gesagt wurde. Allen erschiene es einfach lächerlich, wenn bloßer Glaube gefordert würde.

Ist aber die Metaphysik nicht auch eine Wissenschaft? Eine Wissenschaft, die die subtilsten Kräfte im Innern des Menschen erforscht? Ist diese Wissenschaft denn nicht auch viel schwieriger, da sie sogar ohne Instrumente auskommen muss? Auch können handfeste Beweise für andere Menschen hier nicht erbracht werden, da diese in uns und unserer Umgebung wirkenden subtilsten Stoffe nicht für jedermann sichtbar sind.

Und doch weiß auch bereits der Atomphysiker, dass diese feinsten stofflichen Teilchen, Evolution des Geistes genannt, das Ergebnis des Zusammenspiels der vier freien psychischen Wechselwirkungen sind.

Nur durch Überwindung unserer Sinnenhaftigkeit werden wir im Kampf zwischen Licht und Finsternis siegen.

Der Geist des Menschen schüttelt dann Kraft seines Willens seine Fesseln, das Gebundensein innerhalb der Natur, ab und bricht sich so gleichsam Bahn durch die kosmische Illusion der ihn bisher umgebenden Umwelt zur Freiheit. Er entdeckt, dass er stets frei war, und der, den er suchte, das war er selbst, aber durch die Schranken seiner Scheinvorstellung hielt er sich für gebunden.

Das Gesetz von Ursache und Wirkung

Seit undenklichen Zeiten lebten die Menschen mit der Schöpfung dieser Welt in der Abhängigkeit von den Naturgesetzen. Obwohl sich der Mensch und auch viele andere Wesen im ständigen Kampf mit der Natur behauptet haben, konnten die ihr innewohnenden Kräfte nie besiegt werden. Naturkatastrophen, wie Erdbeben, Vulkanausbrüche, Überflutungen, Feuer und orkanartige Stürme, fordern auch heute noch Jahr für Jahr viele Opfer. Auch wenn diese Naturgewalten unermessliches Leid verursachen, so leben doch alle Wesen von ihr und ihren Energien. Alle Gewaltausbrüche der uns umgebenden Natur gelten nur der Wiedererlangung des verlorenen Gleichgewichts in der Verteilung der Energie.

Wenn wir darüber nachdenken, stellen wir fest, dass die Natur weder gut noch böse ist, und da der Mensch und auch alle anderen Geschöpfe ein Teil dieser Natur sind, können folglich auch alle in ihr lebenden Wesen weder gut noch böse sein, denn sie sind als körperliche Erscheinungsformen von ihr abhängig.

Nach dem Gesetz von Ursache und Wirkung ist also die Erde die Ursache für die Entstehung der belebten Natur und diese ist die Folgeerscheinung des Lebens. Wirkungen sind ein Wiedererstehen von Ursachen in einer anderen Form. Alles ist kausal miteinander verbunden. Körperliche Erscheinungsformen dieser Welt sind veränderlich und damit dem Gesetz von Ursache und Wirkung unterworfen.

In der indischen Philosophie bezeichnet man dieses Naturgesetz als Karma. Es stammt aus dem Sanskritwort Kri gleich Tun. Die jetzigen Auswirkungen unseres Tuns sind also mit unseren vorherigen Taten verbunden.

Alle glücklichen und traurigen Ereignisse ziehen an unserer Seele vorbei und hinterlassen dort entsprechende Eindrücke. Die Gesamtsumme dieser Eindrücke formt unseren Charakter. In ihm entstehen dann je nach Eigenschaft die Ursachen für neue gute oder böse Taten.

Alles Werden entwickelt sich, bevor es in die Tat umgesetzt wird, zunächst im Geistigen. Wenn wir den ewigen Kreislauf des Lebens von Werden und Vergehen durchbrechen wollen, so müssen wir also erst unser Denken verändern. Verändern wir aber unser Denken im positiven Sinn, so verändern wir auch die Welt positiv.

Ist unser Denken negativ, so reagiert auch unsere Umwelt negativ auf uns. Ziehen wir unseren Geist aber von der auf die Außenwelt gerichteten Erwartungshaltung ab und richten unseren Blick auf das in uns ewig brennende Licht, so werden wir frei. Die Welt wird uns immer enttäuschen, doch wisse, die Täuschung liegt in uns und nicht in dieser Welt, die immer aus einer Mischung von Gut und Böse bestehen wird. Wirkliche Freiheit können wir nur erlangen, wenn wir uns von der Jagd nach der Erfüllung unserer Wünsche und Begierden sowie den Genüssen dieser Welt entfernen.

Je mehr wir uns im Loslassen üben und dem Guten in uns Raum geben, umso mehr nähern wir uns dem ewigen Lichtreich Gottes in unserem tiefsten Inneren. Nur so können wir der stofflichen Welterscheinung des Karmagesetzes von Ursache und Wirkung entgehen.

Die ewige Glückseligkeit, der tiefste Frieden und die unendliche Freiheit sind schon jetzt unser. In der allumfassenden Liebe unserer spirituellen Herzen werden wir die Wahrheit erkennen.

Evolution und Kontemplation

Seit undenklichen Zeiten war der Mensch, wenn er seinen Blick zum Himmel richtete, von der Größe des Universums tief beeindruckt. Wer von uns hat nicht schon bei Betrachtung des nächtlichen Himmels in einer klaren Sommernacht die Kraft Gottes gefühlt. Die unendliche Weite des Himmels, Tausende und Abertausende von Sternen, ließ uns in Ehrfurcht und Andacht vor der Größe Gottes verharren.

Schon der Mensch des Altertums entdeckte durch Beobachtung, dass auch in dem für ihn unerreichbaren Kosmos alles nach Gesetzmäßigkeiten abläuft. Er stellte fest, dass es Sterne gibt, die ihren Standort nicht verändern (Fixsterne), und solche, die ständig in Bewegung sind (Wandelsterne). Wenn aber alles nach bestimmten Gesetzen abläuft, so muss das doch eine Ursache haben. Bereits in den uralten Schriften der Indogermanen wird diese Frage gestellt. Dieselbe Frage beschäftigt auch heute noch viele Menschen.

Der Regentropfen kommt infolge der Sonneneinwirkung in Form von Dampf aus dem Meer, steigt in eine gewisse Höhe, erhält dort durch Kälteeinwirkung seine Gestalt, um danach wieder zu verdampfen.

Gewaltige Gebirge werden von Gletschern und rauschenden Bächen zu Sand zerrieben und mit den Wassermassen der Flüsse ins Meer geschwemmt. Dort lagert sich der Sand dann in unermesslichen Zeiträumen Schicht auf Schicht ab, um endlich erneut Gebirge zu werden. Aus Sand entstehen sie und zu Sand werden sie, das ist der Lauf der Welt.

Wenn der ganze Kosmos nach demselben Gesetz, also »Werden und Vergehen«, aufgebaut ist, dann können wir logischerweise sagen, das Sandkorn oder der Regentropfen, was immer es auch sei, enthüllt uns das Geheimnis des ganzen Universums.

Wirkungen sind daher nicht ohne Ursachen, sondern nur ein Wiedererstehen dieser in veränderter Form. Alles ist also Entfaltung und Einfaltung. Der Baum bildet Samen und stirbt. Im Samen jedoch befindet sich der eingefaltete Baum. In diesem Zustand ist er aus unserem Wahrnehmungsvermögen entschwunden.

Wir können daraus folgern, dass alles uns sichtbare Leben in seinen vielfältigsten Formen und Gestalten seinen Ursprung im Geistigen hat. Der Geist bildet den Körper. Die Auflösung der Form ist die Rückkehr zum Ausgangspunkt. Das einmal für uns Sichtbare kehrt also zum Ursprung zurück. Um seine Evolution zu vollenden, muss es jedoch den nicht mehr verwendungsfähigen Körper aus der geistigen Welt heraus neu formen, eben aus dem dazu vorhandenen Samen oder den Elementen. So wie uns das Leben in der erfassbaren Form vieler Erscheinungen entgegentritt, verhält es sich auch mit dem Universum.

Im Protoplasma enthüllte sich, nunmehr für uns sichtbar, alles Leben. Die präzisen Abläufe in der Entwicklung des molekularen Zellenaufbaus von Körpern lassen auf das Schalten und Walten einer für uns unsichtbaren allerhöchsten Intelligenz dahinter schließen.

Jede Pflanze entsteht aus dem Samen und geht am Ende ihres Daseins wieder zum Samen zurück. Das Universum war ebenfalls bereits feinstofflich vorhanden, bevor es für uns sichtbar wurde. Energie ist die Kraft, die Leben erst ermöglicht. Man kann sie nach wissenschaftlichen Erkenntnissen weder erzeugen noch zerstören, sondern nur in eine andere Form umwandeln. Die gleiche Energiemenge, die für den Betrieb einer Maschine benötigt wird, kann in Form von Arbeitsleistung aus eben dieser Maschine nur wieder herauskommen und nicht mehr. Für jede Leistung muss eine gleiche Gegenleistung erbracht werden. Nichts kann durch nichts entstehen. Die ganze Welt, ja das ganze Universum, ist nur eine unendliche Kette von Erscheinungsformen, die kommen und gehen.

»Anfang und Ende – Ende und Anfang« An einem Punkt dieser Evolution steht der in Protoplasma eingehüllte vollkommene Mensch. Es ist derselbe, der auch am Ende dieser Entwicklungskette steht.

Die gesamte Intelligenz, die sich im Kosmos befindet, sichtbar und unsichtbar, eingefaltet und entfaltet, können wir als die allumfassende Kraft, den Geist Gottes, bezeichnen. Diese kosmische Kraft offenbarte sich in der auf Erden höchsten denkbaren Entwicklungsstufe, in Buddha und Christus. Zur Erkenntnis gelangt wissen wir, dass das uns sichtbar gewordene Leben nur aus Manifestationen des alles umfassenden göttlichen Geistes besteht. Er ist die leuchtende Sonne, die fruchtbare Erde, der silberne Mond und die glitzernden Sterne. Er ist der sanfte Wird, der heulende Sturm, der rieselnde Regen und das rauschende Meer. Er ist die Luft, die wir atmen. Er ist aber auch das Insekt und der unscheinbare Regenwurm. Er, der Erhabene, ist das Licht und die Finsternis. Seine Kraft wirkt in unseren Körpern und in allen Wesen. In der uns umgebenden Natur offenbart er sich durch Vereinigung mit sich selbst – und dies ist die kosmische Wahrheit.

Das Streben des Lebendigen nach Wiedererlangung der Harmonie

Alle Wesen unserer Welt sehnen sich nach Glück, Liebe und Geborgenheit. Jeder möchte in Frieden und Freiheit leben, und doch gibt es so viel Leid, Intrigen, Kriege und soziale Kämpfe in der Welt. Bei näherer Betrachtung sind aber alle diese Geschehnisse nichts anderes als das Streben des Lebendigen nach Wiedererlangung des verlorenen Gleichgewichts. Dieses Gleichgewicht ist das Zentrum der Ruhe und des Friedens, das sich nur durch die Wiedervereinigung und Auflösung aller von den geistigen Kräften ausgelösten Manifestationen erlangen lässt.

Als Wesen dieser Welt können wir nur kämpfend das Zentrum der göttlichen Hemisphäre erreichen. Die Primitiven kämpfen, weil sie kämpfen müssen, aber einige Menschen, in denen die Erkenntnis wach ist, kämpfen bewusst.

Unser Ziel ist es also, diese Welt aufzugeben, alle noch vorhandenen Bindungen mit dieser Scheinwelt zu lösen und uns dem Wirklichen zuzuwenden. Was uns Buddha lehrte: »Gebt eure Vorstellung von Gier, Hass und Wahn auf und werdet wunsch- und begierdelos.« – »Tötet euer ›Ego‹.« Nur wer so handelt, findet das Lichtreich Gottes, kein anderer.

Was Buddha lehrte, verkündete zirka 500 Jahre später auch Christus. Er sagte: »Mein Reich ist nicht von dieser Welt, wäre es von dieser Welt, so würde ich darum kämpfen.« In seinem Herzen war, wie auch bei Buddha, nur Licht und Liebe. In diesen wirklich großen Männern und späteren geistigen Lehrern und Propheten war keine Finsternis.

Wünsche und Genüsse, die in dieser Welt liegen, binden uns. In der Bindung sind wir aber unvollkommen. Der absolut Reine kann nichts begehren. Nur der, der nichts mehr begehrt, ist wirklich frei.

Noch sind wir aber gebunden. In unserer Bewusstseinswelt befinden wir uns im Trubel der Gedanken und Gefühle einer Schwingungsebene, die dem Subjekt der Erkenntnis in uns vorgaukelt, dass wir uns von einer Stelle zur anderen bewegen.

Stellen wir uns ein Fußballstadion vor. Fußtritte auf Fußtritte befördern einen Ball hin und her. Die Wucht und die Richtung werden durch die Fußballspieler, also durch die Kräfte bestimmt, die auf ihn einwirken.

Jeder Fußtritt hat seine Wirkung. Jeden einzelnen unserer Gedanken und Taten können wir mit einem solchen Tritt in Verbindung bringen. Der Mensch ist der Ball. Durch die Wirkung von Kraft und Stoff werden wir hin und her gestoßen und getreten, aber die Kraft bestimmt letztlich unseren Abgang von der Weltbühne.

Erst wenn die Kraft, die den Ball bewegt, erschöpft ist, kommt er zur Ruhe. So ist es auch mit unserem Geist: Erst wenn wir gelernt haben, unsere Gedanken zu beherrschen und auszuschalten, schweigen in unserem Innern alle Wünsche und Begierden. Die Folge davon ist Ungebundenheit und Freiheit, das Ziel aller Wesen.

Die geschilderten Bewegungsabläufe werden durch unser unwandelbares Selbst registriert und widergespiegelt. Solange wir aber glauben, dass unser Selbst in Bewegung ist, also uns täuschen lassen, sind wir gebunden.

Erst wenn es uns gelingt, die Bewegungsabläufe unserer Gedanken zu besiegen, durchschauen wir die »Fata Morgana« und kennen unser Endziel der Wiedervereinigung mit dem Göttlichen in uns.

Was waren noch die letzten Worte von Christus am Kreuz: »Vater, ich befehle meinen Geist in deine Hände.« Dieser sein letzter Wille war mit der Aufgabe seines »Ego« verbunden und führte ihn damit in das ewige Lichtreich der Einheit Gottes, in Freiheit und vollkommener, also unbegrenzter Liebe.

Versuchen wir darum auch selbst, weniger egoistisch zu sein und allen Wesen mehr Liebe zu schenken. Durch die damit verbundene Veränderung unserer Schwingungsebene wird alle Furcht und Angst von uns abfallen und wir erhaschen in diesem Augenblick der Erkenntnis in uns bereits ein wenig Glücksgefühl von der vollkommenen Liebe des ewig Göttlichen.

Durch das Tor zur unendlichen Glücksseligkeit und Freiheit werden wir aber erst nach der völligen Aufgabe unseres »Ego« treten können. Dies ist die kosmische Wahrheit und unser aller Ziel, verlieren wir es darum nie aus den Augen, denn nur dann, wenn wir das beherzigen, werden wir bereits in dieser Welt glücklich sein.

Das Unterbewusste, das Bewusstsein und das Überbewusstsein

Seit Menschengedenken streben alle Wesen dieser Welt bewusst oder unbewusst der Freiheit entgegen. Wir sollten aber wissen, dass das Durchschreiten des Tales der Verirrungen stets nur eine Zeitfrage ist. Richten wir unseren Blick auf die uns umgebende Außenwelt, so müssen wir um die Erhaltung unserer körperlichen Existenz kämpfen. Ziehen wir aber unsere Sinne, die auf die Umwelt gerichtet sind, ab, so werden wir den Kern unseres wahren Wesens entdecken, des uns innewohnenden Wesens, das keinen Unterschied zwischen allem, was lebt, mehr erkennen kann. Es ist unser unsterbliches Selbst.

Wenn wir in dieses Stadium der Erkenntnistiefe eintreten, dann und nur dann wird uns bewusst, dass wir alle in unbegrenzter Liebe vereint sind. Solange wir aber nur das Unterschiedliche wahrnehmen, befinden wir uns in der umgebenden Scheinwelt, die, da veränderlich, stets unwirklich ist. Erst wenn wir den Schleier dieses Trugbildes zerreißen, werden wir das Tor zur unendlichen Freiheit aufstoßen und feststellen, dass wir nie gebunden waren. Bevor wir dieses alles aber erkennen können, müssen wir die Beobachtung der subtileren Vorgänge in unserem Inneren erlernen, denn sie sind maßgeblich an den Wirkungen der äußeren Welt beteiligt. Nur in unseren tiefsten Tiefen können wir die feinen Schwingungen spüren und durch Konzentrationsübungen später auch beherrschen.

Unser ganzes Fehlverhalten entsteht dadurch, dass sich die Denksubstanz mit den Sinnesorganen des Körpers verbindet. Die Folge davon ist, dass wir in dieser unserer Irritation ständig wechselnden Stimmungslagen unterliegen. Einmal sind wir glücklich, danach aber können wir früher oder auch später wieder sehr traurig sein.

Um diesen Teufelskreis zu durchbrechen, müssen wir bestrebt sein, unsere Denksubstanz so zu beherrschen, dass sie sich nicht mehr unkontrolliert mit unseren Sinnesorganen verbinden kann. Gefühl und Wille müssen unter Kontrolle der Vernunft stehen.

Nur wenn alle unsere Gehirn- und Nervenzentren von unserer eigenen Willenskraft beherrscht werden und dabei auf die subtilsten Vorgänge der uns innewohnenden göttlichen Seele gerichtet sind, stehen wir im Einklang mit der Wirklichkeit in allen Dingen dieser unserer äußerlichen Welt.

Unter wahrer Ethik versteht man alles menschliche Tun, das auf Selbstlosigkeit durch Ichvergessenheit beruht. Ichvergessenheit fällt aber auch unter die

Stufe des Unterbewusstseins, sie kann dagegen nicht der Stufe des menschlichen Bewusstseins zugeordnet werden. Allein der Stufe des Überbewussten gehört sie noch an. Wirkliche Ichvergessenheit und Intuition im positiven Sinn gehören zur höheren Existenz des Überbewusstseins. Sie sind, obwohl mit den drei Ebenen des Bewusstseins verbunden, der Zustand, der jenseits des reinen Verstandes liegt. Dieser Zustand ist mit dem Überschreiten der Notwendigkeit von Vernunft durch Transzendenz mit dem ewig Göttlichen in uns verbunden.

Die Denksubstanz besteht also aus dem Gedankengut des Unterbewussten gleich dem Instinkt, dem Bewussten oder Verstand und dem Überbewusstsein, das heißt der Intuition und dem Wissen durch transzendentale Gottesverbundenheit. Alle drei Ebenen müssen wir aber, da sie eine Einheit bilden, mit der Vernunft verbinden können, wenn wir Fanatismus verhindern wollen.

Müssen wir wichtige Entscheidungen allein aufgrund unseres Verstandes und unseres instinktiven Gefühls treffen, so befinden wir uns auf der Ebene von begrenztem Verstand und Gefühl, also einer Mischung der mittleren und der untersten Bewusstseinsstufe. Das ist auch der Grund für die von uns oft getroffenen Fehlentscheidungen, denn die wahre Intuition kommt nur aus der transzendentalen Schaltstelle des Überbewusstseins in Verbindung mit der Allwissenheit und der alle drei Ebenen verbindenden Vernunft.

Um stets die für uns richtigen Entscheidungen

treffen zu können, müssen wir die unterste und die mittlere Stufe unserer Denksubstanz ausschalten und von den Sinnesorganen trennen. Nur durch diese bewusste Arbeitsweise erlangen wir die Befreiung vom Ego und erreichen damit einen Zustand wahrer Intuition. Das Ichgefühl finden wir aber nur auf der Stufe des Bewusstseins. Im Unterbewussten und im Überbewussten gibt es kein Gefühl von Ego.

Jeder Versuch der Beherrschung durch eine andere Person, die wie bei einer Hypnotisierung darauf beruht, die Denksubstanz von den Denkorganen zu trennen, also nicht freiwillig und aus eigener Geisteskraft geschieht, ist nicht nur unheilvoll, sondern macht auch letztlich das erzielte Ergebnis beim hypnotisierten Menschen zunichte.

Unser Ziel ist die Befreiung des menschlichen Geistes und nicht seine Unterwerfung unter die stärkere Willenskraft einer anderen Person. Hypnotische Zustände, auch wenn sie zunächst mit Scheinerfolgen verbunden sind, können nur schaden, da sie krankhaft sind und stets nur durch die Unterordnung der Willenskraft des Hypnotisierten unter die stärkere Willenskraft des Hypnotiseurs eintreten. Dies kann unter den Sammelbegriff der Fremdbestimmung eingeordnet werden.

Den Unterschied zum instinktiven untersten Bereich, also der Unterwerfung seines eigenen Willens durch die stärkere Willenskraft einer anderen Person, erfahren wir an der erlebten Wirkung. Im Unterbewusstsein und nach Wiedereintritt in die Bewusstseinsebene bleiben wir derselbe Mensch, also ein

Wesen ohne Bereicherung seines Wissens und des Bewusstwerdens eigener Kraft. Auf der Ebene des Überbewusstseins werden wir dagegen vom Licht der Erleuchtung voll erfasst.

Nur in dieser vom göttlichen Licht erhellten Erkenntnistiefe können und werden wir im Leben stets die richtigen Entscheidungen treffen. Der Weg dahin erfolgt nur über Konzentrationsübungen zur Verbindung mit der uns allen innewohnenden göttlichen Seele.

Erkenntnis und Wille – der Schlüssel zum Göttlichen

Wenn wir erkannt haben, dass alle von uns wahrnehmbaren und nicht wahrnehmbaren Erscheinungsformen, die aus dem Weltgeist hervorgegangen sind, immer begrenzt und abhängig waren und auch ewig sein werden, dann wissen wir, dass unsere Welt eine »Fata Morgana« ist: veränderlich, zeitlich begrenzt und daher unwirklich.

Wir identifizieren uns nicht mehr mit unserem Körper, denn wir wissen, Körper kommen und gehen. Unsere Seele aber, das geheimnisvolle Wesen, bleibt davon unberührt. Alles, was uns als Materie in Form von tausendfältigen Manifestationen erscheint, wird sich eines Tages wieder in die eine unwandelbare und unendliche Existenz zurückverwandeln.

Es ist uns bewusst, dass die kosmische Wahrheit nicht nur eine reine Theorie ist. Die Gotteserfahrung kann jeder an sich selbst vollziehen. Auch heute noch gibt es in unserer Welt viele Menschen, die jenseits von Gier, Hass und Wahn auf tiefstem Grund ihrer

Seele die universelle Wahrheit der Gottesunmittelbarkeit gefunden haben.

Beachten wir, dass all unsere Wahrnehmung in dieser uns umgebenden Welt mit unserer geistigen Vorstellung zusammenhängt. Wenn wir den Körper wahrnehmen, nehmen wir den Geist nicht wahr, wenn wir den Geist wahrnehmen, verschwindet der Körper. Nehmen wir aber die Seele wahr, so sind Geist und Körper verschwunden.

Die Ursache der uns bewussten Welt hängt also mit unserer geistigen Vorstellung zusammen. Wenn man zwei Metallscheiben durch eine Kupplung verbindet, so setzen sie sich gemeinsam in Bewegung. Bringt man nun eine dieser Scheiben durch Auskuppeln zum Stillstand, so wird die andere durch den Schwung noch etwas weiter getrieben, bevor auch sie zum Stehen kommt. Eine dritte Scheibe jedoch, die noch fest mit dem Motor verbunden ist, rotiert weiter, sie können wir in unserer Vorstellung als Weltgetriebe bezeichnen, das nach dem Auskuppeln, also der Trennung, auch ohne uns weiterläuft. Nehmen wir an, die unwandelbare Seele sei die von uns durch Auskuppeln, also durch Trennung der Verbindung, zum Stehen gebrachte Metallscheibe.

Die Scheinvorstellung des Körpers und Geistes ist dann die andere, zweite Scheibe. Beide sind durch die Kupplung, also durch Tun und Wirkung, vereinigt. Wissen ist der Fuß, der durch das Auskuppeln die Verbindung der zwei Scheiben trennt und damit zunächst eine der Scheiben, die wir in unserer Vorstellung als Seele bezeichnen wollen, zum Stillstand bringt.

Erst wenn dies geschehen ist, wird unsere Seele bemerken, dass sie nicht kommt und nicht geht, nicht geboren wird und nicht stirbt, sondern vollkommen ist.

Die andere, zweite Metallscheibe wird aber nach Unterbrechung der Verbindung noch etwas weiter getrieben, und zwar so lange, bis die Wirkung des Drehmoments nachlässt. Genauso ist es auch mit den Folgen unseres früheren Tuns. Erst wenn sich die durch unseren Geist hervorgerufenen Taten, also die in Bewegung gesetzten Kräfte, ausgewirkt haben, kommt alles zum Stillstand, um sich aufzulösen. Losgelöst von aller Bindung wird unsere Seele dann völlig frei.

Ein Mensch, der diesen Zustand erreicht hat, ist von allem Leid befreit. Ihn können wir als einen schon auf Erden Erlösten bezeichnen.

Wer diese Freiheit erkämpft hat, ist durch kein Gesetz mehr gebunden, er ist ja selbst die Welt, die Welt aber hat dann für ihn aufgehört zu bestehen. Um unsere wahre Existenz, also die Seele, zu erkennen, müssen wir zunächst unsere äußere Hülle, also das Böse, ablegen. Erst danach kommen wir an den wahren Kern des Menschen, zum Guten. Wenn man aber seine Seele erkennen will, müssen beide Manifestationen durchbrochen werden. Nach Erkenntnis dieser Wahrheit wird auch der letzte Rest unserer vergangenen bösen Taten im Feuer der Läuterung verbrennen.

Wer dies erkannt hat, kann auch auf Diskussionen verzichten. Für den Wissenden ist das Wirkliche fühlbar, es wird zu einem Bestandteil seines Lebens und seiner künftigen Handlungen.

Die Erkenntnis nur eines Teils dieser erhabenen Wahrheit und der Wille, das Erkannte in die Tat umzusetzen, würden schon die ganze Welt verändern. Hass und Neid, Lüge und Betrug, Mord und Diebstahl, Zwietracht und Eifersucht würden verschwinden.

Die ganze menschliche Gesellschaft wäre im Begriff, sich zu verändern. Mit dem Bewusstsein des Gottes in uns und der Unsterblichkeit unseres wahren Selbst, der unsterblichen Seele, werden Menschen Götter und damit in der Lage, nur noch im positiven Sinn zu wirken.

Keiner würde einen anderen Menschen mehr wegen einer Fehlhandlung verurteilen. Todesurteile gehörten der Vergangenheit an. Anstelle aller dieser fürchterlichen Teufeleien würde das einzige große Ideal, die göttliche Liebe, regieren.

Alle Wesen dieser Erde sind in ihren tausendfältigen Manifestationen eine einzige Kundgebung der unsterblichen und lebendigen Gottheit. Diese ewige Wahrheit sollte den ganzen Kosmos mit seinen Milliarden von Sonnen und Sternen erfüllen.

Seht hinauf zum nächtlichen Firmament, lasst die erhabene Stille und Größe des Universums in seiner Unendlichkeit auf euch einwirken. Denkt und verkündet, das sind wir: »Das bist du.«

Alle Seelen sind ihrem Wesen nach rein göttlich.

Unser existentielles Ziel ist es, diese in uns innewohnende Göttlichkeit zu offenbaren. Erreiche dies durch die Beherrschung deiner inneren und äußeren Natur und sei frei.

Gedanken verschiedener grosser Persönlichkeiten aus der Geschichte der Menschheit:

Die Wissenschaft hat festgestellt,
dass nichts spurlos verschwinden kann.
Die Natur kennt keine Vernichtung,
nur Verwandlung.
Alles, was Wissenschaft mich lehrte
und noch lehrt, stärkt meinen Glauben
an ein Fortdauern
unserer geistigen Existenz.

Wernher von Braun

Wiedergeburt

Wer nicht will, wird nicht zunichte,
Kehrt beständig wieder heim,
Frisch herauf zum alten Lichte
Drängt der neue Lebenskeim
Keiner fürchte zu versinken,
Der ins tiefe Dunkel fährt,
Tausend Möglichkeiten winken
Dem der gerne wiederkehrt.

Wilhelm Busch

Aus anderen Zeiten

Will unsere Zeit mich bestreiten,
ich lass es ruhig geschehn,
Ich komme aus anderen Zeiten,
um fort in andre zu gehen.

Franz Grillparzer 1860

Himmelsgedanken

Wie der Untergang der Sonne
für den Westen der Erde
ihren Aufgang bringt,
so bedeutet der Tod
für eine andere Himmelsgegend
eine Geburt.

Karl May

Was der Tod von uns übrig lässt,
ist Keim und Kern eines anderen Daseins,
in welchem ein neues Individuum
sich wieder findet.

Arthur Schopenhauer
in »Die Welt als Wille und Vorstellung«

Wer geht, um zurückzukehren,
darf ruhig sein.
Betrachte den in sich
zurückgehenden Kreislauf der Dinge,
und du wirst finden,
dass nichts in dieser Welt zunichte wird,
sondern alles in einem steten Wechsel
abrinnt und wächst.

Lucius Annaeus Seneca

Wenn es jemals etwas Verbindendes zwischen allen Weltreligionen geben sollte, so kann dies nur die mit Vernunft gepaarte, allumfassende Liebe zu allen Wesen unserer Welt sein.

Sobald wir erkennen, dass die Entwicklungsstufen aller Wesenheiten nur Stadien einer durch die Zeit begrenzten Erkenntnistiefe sind, wissen wir auch, dass die differenzierten Ansichten der jeweiligen Betrachter dieser unserer äußeren Welt auch nur Teilwahrheiten enthalten, wenn sie nicht mit der Tiefe ihres spirituellen Herzens verbunden sind.

Dieses Buch soll dazu beitragen, dass sich die Anhänger aller Weltreligionen über die Vernunft darin einigen, nicht nur untereinander, sondern auch mit den geringsten unserer Schwestern und Brüder, den Tieren, unter Beachtung der Naturgesetze durch Liebe und Güte im Einklang mit dem uns alle verbindenden ewig »Göttlichen« zu leben.

Horst Stricker, der Autor dieses Buches, sieht im Zusammenwachsen der Völker zu einer multikulturellen Gesellschaft möglicherweise künftige Auseinandersetzungen innerhalb der »Europäischen Staatengemeinschaft« heraufziehen, wenn es nicht gelingt, alles uns Trennende, insbesondere die oft sehr lieblosen und engherzigen Auslegungen der Glaubensvorstellungen, die noch innerhalb vieler Religionsgemeinschaften bestehen, durch mehr Verständnis und Liebe zu überwinden.

Nachsatz

Aufruf zur Gestaltung unseres Lebens nach unseren grossen Vorbildern Buddha und Christus

Fast alle großen Weltreligionen haben einen Gründer, und ihre Anhänger verkünden das vorher einmal Gedachte und Gesagte ihrer Propheten und Meister, die sich von Gott inspiriert glaubten.

Um die Äußerungen der in den Büchern zusammengefassten Worte, wurde und wird auch noch heute unter den Anhängern dieser Lehren heftig gestritten. Jede dieser Anhängerschaften meint, dass nur die von ihnen vertretene Theorie die einzig richtige sei und damit in der Gnade Gottes steht.

Schon oft in der Weltgeschichte führten die Auseinandersetzungen dieser in Irritation befindlichen Anhängerschaften zu schrecklichen Kriegen und zu den damit unweigerlich verbundenen Lieblosigkeiten. Wenn man den Dingen tiefer auf den Grund geht und nach den Ursachen forscht, so haben wir es insbesondere beim Aggressor stets mit Unvernunft zu tun. *So ist es auch mit dem in der Welt herrschenden Terrorismus. Solche Aktionen können nur mit Fanatismus in Zusammenhang gebracht werden.*

Allen diesen Fanatikern wird man, da sie der Selbstaufopferung fähig sind, einen gewissen Idealismus nicht absprechen können.

Sie handeln aber ohne Vernunft und stehen damit nicht mehr im Einklang mit ihrem göttlichen Selbst.

Hass entzweit – Liebe verbindet – Das Weiche löst in seiner Stetigkeit das Harte.

Es kann daher nur dann wirklichen Frieden geben, wenn das, was Buddha und später auch der große Meister Jesus, der zum Christus wurde, bereits vor 2000 Jahren verkündete, von den Menschen in die Tat umgesetzt wird.

Liebet eure Feinde, tut wohl jenen die euch hassen, beleidigen und verfolgen.

Jeder vernünftig denkende Mensch, der die Geschichte der Menschheit zurückverfolgt, begreift, dass alle Gewalttätigkeit, von welcher Seite sie auch kommen mag, noch nie zu einer Lösung dieses uralten Menschheitsproblems führte. *Hass wird Hass erzeugen, – das ist das Naturgesetz.*

Nur wenn dieses von uns anerkannt und erkannt wird, können wir als Erkennende, durch die Tat, für uns Menschen eine zukünftig andere Welt schaffen.